푸성귀 발전소

박정구 산문집

도시농부의 알콩달콩 주말농장 가꾸기

푸성귀 발전소

박정구 산문집

문학의전당

작가의 말

봄이 끝날 무렵 작은 텃밭 하나를 구했다. 주말농장이었다. 밭을 파기도 전에 뭘 심을까 하는 생각에 나는 마냥 행복했다. 농사는 지어봤슈? 하던 농장주의 말에 나는 빙긋이 웃음으로 답했다. 태생이 촌놈이라 텃밭 정도의 농사쯤이야 하는 호기어린 자신감도 있었지만 마음속에는 평생 농사를 짓다 혼자 쓸쓸히 늙어 가시는 어머니의 푸르렀던 젊은 날을 돌려드리고 싶은 생각이었다. 바람처럼 떠돌다 가신 아버지의 역마살도 다독거리며 묻어드리고 싶었다.

씨를 뿌린 자리마다 푸른 눈들이 고개를 내밀었다. 상추, 쑥갓, 치커리, 그리고 이름도 낯선 수많은 쌈채들… 그뿐이던가. 들깨, 감자, 고구마, 토마토, 가지, 고추 등등 이루 헤아릴 수 없을 만큼 다양한 푸성귀들을 심고 가꾸면서 나는 매일 아침마다 '주말농장에서 띄우는 편지' 를 썼다. 가뭄이 심했던 여름날엔 내 목마름도 밭고랑에 주저앉아 몇 번이나 눈물을 뿌렸다. 그때마다 나는 길섶에서 발길에 채이고도 끄떡없던 쇠비름 같은 이웃들을 떠올렸다. 태풍이 농장을 휩쓸고 지나간 뒤에도 다시 일어나 묵묵히 미나리꽝을 만드는 사람들을 생각했다. 그때마다 피마자꽃이 피었다.

내 유년의 추억까지 보여주는 풋것들과의 만남은 부끄러움이나 즐거움을 넘어 빛이고, 활력이었다. 가만히 귓속으로 들려오는 푸른 소리들, 푸른 말씀들을 들으며 나는 안개 자욱한 새벽 농장에서 아침을 열었다. 그것이 행복했다. 주말농장에서 건져 올린 흙의 말씀들, 꽃의 말씀들을 모아 나는 다시 '주말농장에서 띄우는 희망의 편지'를 쓸 것이다. 비록 쭉정이뿐인 글일지라도 이 글을 읽는 누군가에게 삶의 활력이 되기를 기원해본다.

2012년 가을 풍동에서

박정구

감자꽃

이재무

차라리 피지나 말걸 감자꽃
꽃피어 더욱 서러운 女子.
자주색 고름 물어뜯으며 눈으로 웃고
마음으론 울고 있구나 향기는,
저 건너 마을 장다리꽃 만나고 온
건달 같은 바람에게 다 앗겨버리고
아무도 눈길 주지 않는, 비탈
오지에 서서 해종일 누구를 기다리는가
세상의 모든 꽃들 생산에 저리 분주하고
눈부신 생의 환희 앓고 있는데
불임의 女子. 내 길고긴 여정의
모퉁이에서 때 묻은 발목 잡고
퍼런 젊음이 분하고 억울해서 우는
내 女子. 노을 속 찬란한 비애여
차라리 피지나 말걸, 감자꽃
꽃피어 더욱 서러운 女子.

차 례

누리장나무 열매

감자꽃

참외 꽃

방울토마토

고추 지지대

고추

고추 곁가지를 따내며

호박꽃

들깻잎

상추밭

시금치

#1

감자꽃

이른 아침이면 텃밭에 간다. 매일 오가면서 보아왔던 감자밭이었는데 나는 눈을 감고 다녔나보다. 누군가 알아주라고 피는 것은 아니지만 그저 타인처럼 지나쳤던 감자밭 길이었다. 감자꽃이 피었다. 자줏빛이 영롱한 꽃다발 한 묶음, 첫 상면처럼 눈을 맞추고 눈높이만큼 허리를 굽히고 그리고 고개를 숙이며 들여다본다.

자주꽃 핀 건 자주감자

파보나마나 자주감자

하얀 꽃 핀 건 하얀 감자

파보나마나 하얀 감자

권태응 시인의 「감자꽃」이라는 동시가 펼쳐지는 아침이다.

#2

참외꽃

고향 언덕에 원두막이 있었다.

참외밭을 지키던 원대 아부지는 낮잠을 잤다.

고양이 발소리만 하게 가까이 가도 코고는 소리가 들렸다.

–익은 놈만 따거라.

흠칫 놀랐던 내 유년이 알몸으로 보인다.

#3

방울토마토

곧, 따 먹겠다.

방울토마토 농삿꾼들

금년 방울토마토 값은 똥값이겠다.

초보자 농삿꾼 손에서

이렇게 잘 익어가는 것을 보니.

참, 신기하게도 이 넘들은

내가 내려다본 만큼씩만

혹은, 내가 웃어준 만큼씩만

꼭 그만큼씩만 자란다.

흠, 애교가 그만이다.

306

#4

고추 지지대

땅이 밀어 올린다.

둥둥 허공이다.

손을 뻗어 바람을 잡는다.

지나가던 구름도 잡는다.

고추 지지대를 세우던 날

나도 누군가에게 기대고 싶다는 생각을 했다.

이럴 때

네 어깨 한쪽을 빌려주면 안 될까?

필요하다면 내 어깨 한쪽을 빌려가도 좋고.

#5

고추

곧 따겠다.

햇볕 잘 쬐고

물 몇 모금 마시면

금방 크겠다.

토실토실 매달린 바람이다.

풋풋한 사랑이다.

#6

고추 곁가지를 따내며

살다보면 어찌 기둥만 있으랴.

때론, 네가 아닌 내가 곁가지가 된다는 사실

곁가지 아닌 것들이 얼마나 있으랴.

곁가지가 있어 고추대는 한동안

지탱할 수 있었음을 잊어서야……

#7

호박꽃

동 트기 전

눈에 힘을 주고 부릅뜨더니

강한 아침 햇살에 그만 고개를 숙이고 만다.

우리 사는 세상도 이와 같아서

약자한테 강하고

강자에겐 늘 고개를 숙이는 것은 아닌지.

#8

들깻잎

곁에만 가도 짙은 화장 냄새를 풍긴다.
수색 가는 길
141번 종점 근방 니나노 술집에
깻잎 같은 그녀가 있다.

들깨 씨를 뿌리던 날은
몹시도 가물었다.
마른하늘을 잡아 당겨 물을 뿌렸다.
며칠 후
한 톨도 빠짐없이 모두 일어선 들깨 싹들
일렬횡대로 서서 주인을 기다리는
붉은 조명 밑의 그녀들
같았다.
솎음을 당할 줄 알면서도
고개 숙이지 않고 당당했던 그녀들 같았다.

#9

상추밭

싹수없는 것들은 처음부터 나오질 않았다.
몸을 비집고 세상 구경을 한다.
고개를 쳐들면 여지없이 솎음을 당한 녀석들
그래도 눈치 볼 것 없다.
4 · 19가 그랬고 5 · 18이 그랬다.
솎음 당하지 못하고 살아남은 자들의 희비
살아서 죄가 되는 나와
살아서도 당당한 너.

#10

시금치

철없이 날뛰던 때가 있었다.
젊음과 패기였다.
나이를 한 살씩 더 먹어가면서
패기는 사라지고 꿈만 자꾸 바뀌었다.

늦가을에 파종해서
모진 한파를 이겨내야 했던 시금치
폭설에 묻히기도 하고
눈이 녹았다 얼었다 반복하면
몸은 천근만근 불덩이가 되었던 어린 시절
신열이 나도
어머니 품 같은 봄볕 한번으로 살살 풀렸다.

철없이 날뛰던 때를 돌아보니
일흔아홉 살 울 어무니 시금치밭 같은
푸른 날이었다.

자리공

오이밭

참외밭에 짚을 깔며

열무밭에서

수박줄기

가지꽃

완두콩

피마자꽃

배꼽참외

어머니의 밭

가뭄

#11

오이밭

물 한 모금 먹고 하늘 한번 쳐다보면

봄볕은 오이밭 그물망에 걸려 있다.

꽃 피고 오이 맺는 나날들

참, 사람 말귀도 알아듣고 저희들끼리 살 부비며 잘도 커간다.

9남매, 10남매를 두었던 울 부모님들

낳기만 해도 속 썩이지 않고 잘 컸듯이.

#12

참외밭에 짚을 깔며

지푸라기 구하기 힘든 날
억새를 잘라왔다.
참외밭에 만든 엄마 품 같은 잠자리
참외가 베고 자면서 여물어 갈 것이다.

학교 갔다가 집에 들어오면서 엄마! 하고 부른다.
늘 논이나 밭에 계셔야 할 엄마가
그날 따라 집에 계신다.
"우리 강아지 왔구나."
왜 그렇게 좋았을까.
포근함은 역시 엄마 품이었나 보다.

#13

열무밭에서

안개가 자욱한 새벽입니다.

열무 잎에 보송보송 이슬이 맺혔어요.

이제 막 잠에서 깨어난

세 살 박이 어릴 적 딸애의 눈망울 같습니다.

매일 아침 이슬과 물만 먹고 자란 이 넘들,

희디흰 살결이 만지면 부러질까 봐

밭고랑을 건너다 뭉툭한 발에 채일까 봐

살금살금 조심스러운 아침입니다.

#14

수박줄기

노천명 시인의 사슴은 모가지가 길어 슬픈 짐승이었다.

언제나 점잖은 편 말이 없었지만

슬픈 모가지를 하고 먼 데 산을 바라본 까닭은 무엇일까.

어디까지 뻗어 나갈지 모를 일입니다.

무엇이 그토록 그리웠을까.

허공에 손을 휘젓다가 잡히면 놓질 않습니다.

제 몸을 꽁꽁 묶어서라도 지탱하고 또 앞만 보고 나갑니다.

저 멀리 신기루처럼 서 있는 그대를 향해서.

#15

가지꽃

보라색 꽃이 피었습니다.
제 본색을 그대로 드러내고 말았습니다.
꽃만 보아도 가지가 무슨 색일까
고민하지 않아도 될 것 같습니다.

막, 이성에 눈뜨고 사춘기에 접어들었던 시절
내가 좋아했던 여학생이 지나가면 가슴이 콩당거렸다.
하굣길에서 마주쳤을 때 나는 홍당무가 되었다.
속마음을 들켜버렸던 목포 죽동 골목길
순진했던 그때를 오늘은 가지꽃이 대신한다.

#16

완두콩

저는 완두콩이랍니다.

서리태처럼 홀로 설 줄도 모르고

강낭콩처럼 넝쿨로 뻗어 나가지도 못하지만

조금만 붙잡아주면 서기도 하고 뻗기도 한답니다.

당신이 있어 좋은 세상

그대가 나의 손을 잡아 주었듯이

나도 그대가 힘들 때 그대의 머리 기댈

어깨 한쪽을 내밀고 싶습니다.

내년에 심어볼까, 해서요. 다섯 개만 주세요, 했더니

희망 몇 개를 내밉니다.

내년을 기약한다는 것,

꿈을 얻어오는 행복한 아침입니다.

#17

피마자꽃

이른 아침에 중년신사를 만납니다.

훤칠한 키에 열두 갈래로 갈라진 부채 모양의 손을 내밉니다.

빨간 넥타이가 잘 어울리는 멋진 신사는 피마자

일명, 아주까리랍니다.

밭귀에 피마자 한 그루가 싹을 틔웠습니다.

어렸을 적, 할머니 생각에 뽑지 않고 뒀더니

이렇게 내 키를 훌쩍 넘기며 꽃까지 피웠습니다.

머리에 피마자 기름을 바르고 참빗으로 곱게 넘겨서

비녀를 꽂으시던 할머니

어머니보다 할머니 무릎이 더 좋았던 어린 날이 그리워집니다.

#18

배꼽참외

유난히 키가 작았던 그 아이
양쪽 옷소매는 콧물로 늘 반질거렸다.
배꼽참외를 보더니 제 윗저고리를 배꼽 위로 올렸다.
그랬다. 배꼽이 유난히도 컸다.
제 배꼽이 참외 배꼽보다도 더 크다면서 웃을 때
누런 코도 따라 웃던 그 아이는
지금 어디에 살까.

#19

어머니의 밭

이곳은 어머니 밭입니다.

풋풋하게 일어서는 자식들을 보세요.

어머니가 걱정했던 넷째는 공장을 차렸고

울산으로 시집간 막내가 효녀라며 자랑을 하셨다지요?

상추며 고추밭을 하염없이 내려다보시면서

실하게 참, 잘 키웠다야, 하신 어머니

이곳은 5남매 잘 키웠던 어머니 밭입니다.

어머니 젊음이 하나하나 꽃처럼 피어나는 텃밭입니다.

#20

가뭄

갈라지고 터졌다.

나이를 먹어 가면 다 그럴까.

발뒤꿈치에 낀 각질을 벗겨내고 벗겨내도

한 사흘 지나면 또 갈라지고 터진다.

아버지가 떠나신 후, 한쪽이 비어있는 잠자리

등을 활처럼 휘고 잠든 어머니,

이불 밖으로 삐져나온 발을 만져본다.

'작은벛 밭에 심은 마늘이 가뭄으로 다 죽어 가드라.'

어머니 잠꼬대를 들으며

이른 아침 물조리를 들고 밭으로 향한다.

찔레꽃열매

가지

아욱꽃

쑥갓

강낭콩

감자를 캐며

고구마꽃

까마중의 노래

파꽃

청포도

다시 강낭콩

#21

가지

시집장가 보낼 시기가 되었다.
꽉 찬 나이들을 먹었다.
딸 시집보내던 날
아비는 딸아이 손을 잡고 들어오면서
눈시울이 붉어졌다.
나도 그럴까. 손만 잡아도 벅찰 것 같은데
걸음걸이 내가 먼저 주저앉을 것 같은데
어떻게 등을 밀어 보낼까.

등을 밀어 보낸 친구의 딸아이
시간은 흐르고 이쁜 보라색 꽃을 피우더니
제 어미아비 꼭 닮은 아들을 낳았다.
해는 중천에 오르고 가지는 벌써 이만큼 컸다.
내 나이도 어느새
반백을 훌쩍 넘기고 있다.

#22

아욱꽃

아욱도 꽃을 피우는구나.

누군가 눈길 한번 주지 않아도

말 못할 서러운 사연, 고개 숙이고 피우는구나.

저희들끼리 살도 부비고 얼굴도 부비면서

집 나간 어미아비 행여 돌아올까 보채는

영웅이를 달래던 은수의 이야기가

김정현의 소설, 『어머니』에 있었다.

봉창에 침 발라 구멍 내고 밖을 내다보지만

겨울이면 찬바람, 여름날이면 뜨거운 햇살만 처마 밑에 깔리고

기다리는 시간이 길어도 그렇게 그렇게 피우는구나.

때가 되면 꽃 피우지 않는 것들이 어디 있으랴만

이른 아침 떼로 몰려와 조잘조잘

아욱도 꽃을 피우는구나.

설운 시절 다 잊고 꽃을 피우는구나.

#23

쑥갓

"네 이름이 뭐야?"

"쑥입니다."

"뭐라고?"

"갓입니다."

그렇구나, 쑥도 아니고 갓도 아닌 것!

온전한 이름 하나 갖지 못하고

어떤 이는 쑥이라 부르고 또 어떤 이는 갓이라고 불러서

그냥 쑥갓이라 부른다는 그 아이.

국화를 더 많이 닮았다.

베트남 엄마를 둔 눈이 큰 그 아이가

학교 담장 밑을 서성이던 그 아이가

오늘따라 자꾸만 안개처럼 피어오른다.

#24

강낭콩

양귀비꽃만 못하랴.

푸른 창공을 차고 오르는 제비만 못하랴.

붉은 입술 내밀기조차 부끄러워 감추고 또 감추지만

남사스럽다, 욕하지 마라.

이래봬도 내 본성 착하디착한 요정집 가시내다.

아, 강낭콩보다도 더 푸른

그 물결 위에

양귀비꽃보다도 더 붉은

그 마음 흘러라.

변영로 시인이 노래했던 논개가 진정은 아니었다.

강낭콩보다도 더 붉은 그 마음이 아니었던가.

굽이굽이 사백칠십 리 남강은 흐르지만

예전부터 그 자리에 서 있는 촉석루는 안다.

#25

감자를 캐며

그리울 땐 그립다 말이나 할 것이지,

보고 싶을 땐 보고 싶었노라고 귀띔이나 할 것이지.

그래, 꽃피고 질 때 알아봤어야 했다.

목말라도 참고 젓가락 장단에 맞춰

자진머리 한 곡조 뽑아 올릴 때 알아봤어야 했다.

이슬보다 더 맑은 꽃을 몰라봤던 죄가 크구나.

말도 못하고 속으로 속으로만 앓았구나.

알알이 묻어놓고 너 혼자 참, 잘도 키웠구나.

#26

고구마꽃

100년 만에 한 번 핀다는 꽃,

그래서 행운의 상징이란다.

나팔꽃 같기도 하고 들녘의 메꽃을 닮았다.

가뭄이 길었을까.

기어이 숨겨둔 꽃대를 뽑아 올리고

부끄럽다,

숨어서 피었다.

#27

까마중의 노래

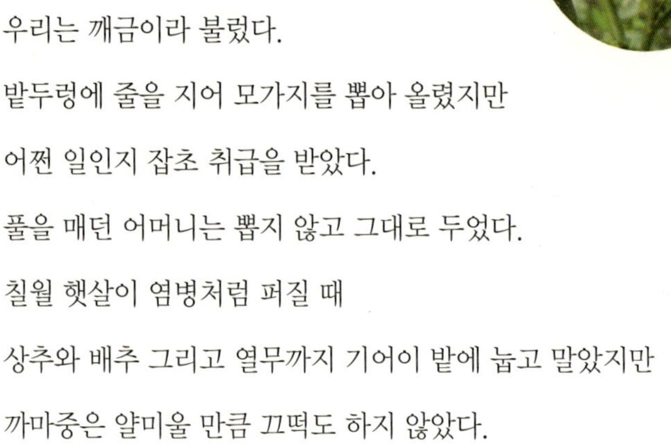

우리는 깨금이라 불렀다.

밭두렁에 줄을 지어 모가지를 뽑아 올렸지만

어쩐 일인지 잡초 취급을 받았다.

풀을 매던 어머니는 뽑지 않고 그대로 두었다.

칠월 햇살이 염병처럼 퍼질 때

상추와 배추 그리고 열무까지 기어이 밭에 눕고 말았지만

까마중은 얄미울 만큼 끄떡도 하지 않았다.

누이의 목에 걸린 꽃목걸이처럼

고추를 닮은 작디작은 하얀 꽃을 떼로 피웠다.

꽃이 떨어진 자리에는 파란 하늘이 걸리고

때가 되면 하늘도 익어간다는 걸 알았다.

과일도 야채도 아닌,

세상에서 가장 작은 열매가 까맣게 익었다.

"깨금 익었다야. 따 묵어라."

밭을 매고 오신 어머니 바구니 속에

뿌리째 뽑혀서 집에까지 따라온 깨금나무,

깨금 같은 유년이 이곳에도 있었다.

#28

파꽃

정월 대보름날, 쥐불놀이를 했다.

집집마다 돌아다니며 헐고 닳아져서 못 쓰는 고무신이며 운동화를 거두고 칼집을 내어 새끼줄에 엮었다. 빨랫줄을 받쳐준 간대 끝에 코를 꿰어 걸린 망둥어는 바다 넘어 섬 하나를 물어와서 하늘을 받치고 섰다. 하늘에 파 씨를 뿌렸다. 어둠이 깊을수록 파 씨는 은하수처럼 피었고 달도 별도 없는 밤에 은밀히 불싸움을 준비했다.

파꽃 같은 환한 달이 뜨던 날,

동네 사람들은 일제히 용달산에 올랐다. 매콤한 고무탄 냄새가 났지만 누구도 말이 없었다. 옆 마을과의 불싸움은 이미 끝이 났지만 은하수 너머 저 멀리 건너 섬에 꺼질 줄 모르고 타오르던 불꽃이 반딧불처럼 서서히 사라지는 것을 보면서 마지막 횃불을 올렸다. 풍어를 기원하며 하늘에 뿌린 파 씨가 일제히 함성으로 일어서고 파꽃은 그렇게 밤새 피어 있었다.

#29

청포도

보고 싶다는 것은

네가 보고 싶을 땐 찾아가면 되는 것이다.

내가 보고 싶다면 오면 되는 것이다.

서로가 보고 싶을 땐

서로가 서로를 찾아가는 것이다.

기다리지 않고 가주는 것이다.

청포도가 소리 없이 여물어 가듯이

벙어리 사랑이란 이런 것이다.

#30

다시 강낭콩

원당 등기소 가는 길목에
빨간 조명 불빛 희미한 술집이 있었다.
보조개가 유난히 예뻤던 그녀 이름은 연옥
눈이 슬펐던 강낭콩 같은 그녀,
〈여자의 일생〉 한 곡조로 뭇 남성들의 애간장을 녹였다.
술이 있고 노래가 있어 좋은 날이면 춤을 췄다.
봄바람 따라온 민들레꽃과 나비처럼
하늘빛 고운 가을날 코스모스와 잠자리처럼
담쟁이넝쿨 강낭콩보다 더 고운 자태로
끝이 보이지 않는 하늘을 잡아 당겼다.
끌려온 것은 하늘뿐만이 아니라 바람처럼 떠돌던 구름
머물다 가면 어떠랴.
눈썹달이 뜨던 그날 밤,
강낭콩 같은 그녀는 몸을 휘어 감고
열병으로 앓아 누웠다.
강낭콩은 분홍빛 꽃술을 들어 올렸다.

자귀나무

#31

꽈리

누이야, 꽈리 따러 가자.
엄마 치마폭에 숨어서
머리카락 보일라 꼭꼭 숨어서 맺은
호롱불 같은 꽈리를 만나러 가자.

누이야, 꽈리 불러 가자.
먼 옛날 처녀 적에 깨물면서 부는 소리
엄마의 첫사랑이 숨어서 들었다던
그 소리 들으러 가자.

엄마를 닮은 누이야,
꽈리 소리를 묻어둔 고향집 정지문 옆에 앉아
육지 나간 오빠가 돌아오길 기다리며
입안이 닳도록 불었던 꽈르르 꽈르르 그 소리,
오늘은 내가 깨물면서 부를란다.

누이야, 꽈리 찾으러 고향에 가자.

#32

서리태 콩대를 뽑으며

일찍 심은 서리태 콩대를 매고
그 자리에 다시 서리태 콩을 심었다.
작물도 시기와 때가 있는 법,
나는 그 이치를 오늘 알았다.
너무 일찍 심어 웃자란 그놈들을
모두 뽑아서 버려야 한다는 사실을,
쓸만한 놈이 나타나도 청문회를 거쳐 잘라내는
정치판과 다를 게 없다는 사실을,
내가 살기 위해 너를 짓밟아 버리는 현실을,
아, 세상은 내 맘 같지 않다는 사실을
이른 아침에
웃자란 서리태 콩대를 뽑으면서 알았다.
짠해도 버리면서 알았다.

#33

참외밭에 와서

두세 살 터울로 고만고만했다.

작게는 셋 많으면 열을 넘겼다.

소가지 없기는 다 마찬가지,

뉘 집이든 간에 그래도 맏이는 좀 실거웠다.

밭 매고 돌아오신 어머니 대바구니 속에는

우리들 숫자와 맞지 않는 참외가 들어 있었다.

참외 한 개를 손으로 쪼개다보면

더러는 크게 더러는 작게 나누어진다.

일통은 꼭 이때 벌어졌다.

꼴통을 부리던 넷째는 아예 땅바닥에 드러누웠고

제 몫이 작다고 등을 돌리던 셋째는 몽니를 부렸다.

참외밭에 와서 다섯 개가 옹글지게 모여 있는 것을 보며

이번엔 우리 5남매 하나씩 토라질 일이 없겠다, 싶다.

네 것이 작다고 내 것을 더 내밀 것만 같다.

#34

해갈(解渴)

젖어있는 것은 아침만이 아닙니다.
서 있거나 앉아 있거나 누워 있는 것까지
젖어있는 그들 속으로 걸어서 들어갑니다.
나는 오늘 뼛속까지 젖으면서
젖지 못한 것들을 생각합니다.

우리는 먼 기억처럼 가뭄을 되새기고
한탄하며 몇 잔의 술을 마셨던가.
늦었다 늦었다고 무릎을 치던 날, 비는 내렸고
소리 없이 찾아왔다 문 앞에 두고 간 한 장의 엽서처럼
그리워 찾아왔다 그냥 갔노라고, 말만 들어도 눈물 난다고
밤을 새워 또 얼마나 마셨던가.

밤새 젖은 것은 너희들이었구나.

다 잊어라, 살다보면 모진 날이 어디 한두 번이었으랴.

오늘 아침은 내가 젖을 대로 다 젖어보마.

질펀하게 퍼질러 앉아

젖고 또 젖어보마.

#35

노각

통싯간 지붕 귀퉁이에 노란 봉투가 걸렸다.

<table><tr><td>訃告
이곡리 김춘복 씨 별세
발인 1978년 7월 1일. 오전 10시 뺄등
알리는 사람 장남 김제필</td></tr></table>

그랬다. 삼복더위가 막 기승을 부릴 쯤 백일홍은 열병을 앓았지만 춘복 씨네 담장 밑에 심어놓은 오이 몇 그루에는 희망처럼 오이가 주렁주렁 열렸다. 뭍으로 유학 보낸 제필이 잘 있다는 소식이 문지방 편지꽂이에 걸리고 중학을 졸업하고 방직공장에 취직했다는 큰 딸내미도 인편에 첫 월급봉투와 함께 기별을 보내왔다.

풋풋한 오이 향은 오래가지 않았다.
세월이 가면 배만 나오고 검은 버짐이 번졌다.
때가 되면 오이도 늙어간다는 사실을 왜 몰랐을까.
죽어서 시호를 받았던 옛날은 아니지만
늙어서도 노각이라는 새로운 이름을 받았다.
부고를 띄우던 날,
춘복 씨네 지붕에는 만장처럼 베적삼이 휘날리고
마을 사람들은 상여집에서 상여를 맞췄다.

#36

참깨꽃

단물을 머금고 깨꽃이 피었다.

초등학교 6학년 때 내 키는 고작 136cm,

맨 앞자리에 앉았다.

"차렷, 선생님께 경례"

돌아보면 모두 내 뒤에 있었다.

급장의 위력은 대단했다.

끝 종소리에 맞춰 일제히 줄을 섰다.

네모반듯한 건빵 포대가 교실로 들어오고 하얀 광목 포대 위에는 검정색 투박한 USA 구호물자 글씨가 선명했다. 급장의 지시를 받은 주변들의 손놀림이 빨라졌다.

형아 오기를 기다리는 동생들은

방천 구슬나무 밑에서 바람처럼 서성거렸다.

학교 종처럼 생긴 깨꽃이 떼로 흔들거리는 하굣길

가방 안에는 건빵이 가득했지만

우리는 깨꽃을 빨았다.

빨아도, 빨아도 배부르지 않던 깨꽃만 빨았다.

#37

찰 토마토

밭고랑 어귀에 개똥참외와 찰 토마토 몇 그루 심어놓고 밭일 하고 돌아오신 어머니 바구니 속에는 노랗게 익은 못 생긴 참외 몇 개와 토마토 몇 개가 늘 들어 있었습니다.
칼도 필요 없던 시절이었습니다.
윗저고리 안쪽에 쓱쓱 몇 번 닦고 나서 손으로 쪼개면 빨간 속살이 드러나던 그 토마토, 개똥참외는 왜 그렇게 달고 맛이 있었는지요.

옛날에 울 엄니가 그랬던 것처럼 찰 토마토 한 개를 쓱쓱 문질러 손으로 쪼개서 한 입 깨물어 봅니다. 울컥, 고향집 밭 어귀의 어머니가 그리워지는 아침입니다.

#38

고구마 순을 벗기며

막내가 선보던 날,
어머니는 탁자 밑에 손을 감춘 채 옆자리에 앉았던 아버지의 눈길을 피해 자꾸만 손을 만지작거리셨다. 어머니의 오른손 엄지와 집게손가락에 파란 하늘이 내려앉았고 닳아 없어진 손톱 밑에는 까만 그림자가 져 있었다.
"고구마 순을 만졌드만 요 모양이다. 사돈 될 사람 보기 민망하다야."

고구마 순을 벗기면서 가만히 내 손가락을 들여다본다.
어머니 손가락에 내려앉았던 파란 하늘이 있고
누이의 손톱을 물들였던 봉숭아 이파리가 머물렀다.
벗기면 하나씩 드러나는 속살 같은 유년과
지워도 지워지지 않는 어머니 푸른 손톱이 이곳에도 있다.

#39

대파를 옮겨 심으며

고양시청에서 원릉역 가는 길목에
낮게 엎드린 색깔 바랜 슬레이트 지붕 외딴집을
우리 아들은 똥집이라 불렀다.
세월은 이십 년을 흘렀지만 그리운 것은 따로 있었다.
숭숭 바람구멍 휀하던 겨울도 있었지만
키보다 낮은 그곳의 여름은 모질게 질겼다.
그것도 추억이라고, 그 길을 지나면서 고개를 돌려본다.

대파를 옮겨 심던 날,
나는 살면서 몇 번의 이사를 했던가.
사글세방부터 시작하여 크고 작은 꿈을 싣고
때론 좌절하고 일어서기를 몇 번이었던가.
지금은 헐리고 없는 빈터를 바라보며
우리 아들이 똥집이라 불렀던 그 집을
과연 추억이라 말할 수 있을까.

그리운 것은 따로 있는데 그립다 할 수 있을까.

#40

박꽃

이른 새벽, 통싯간에서 마른 기침소리가 났다.
“아부지, 빨리 나옷소!”
칙간 앞에서 어린 아들은 괴춤에 손을 집어넣은 채 두 발만 동동거렸다.
고개를 들자 하얗게 핀 박꽃이 지붕을 덮고 있었다.
“아따 이놈아, 기다려라.”
아버지가 나오고 뒤이어 들어갔던 아들은 다시 뛰쳐나왔다.
밑이 훤히 보이는 그곳의 냄새는 고사하고
매캐한 담배연기에 질식될 것만 같아서였다.

세월이 강물처럼 흐르면 잊혀질까 했다.
내 나이 울 아부지 연세가 되면 또 잊혀질까 했다.
박꽃이 피었다는 전갈을 받고 찾아간 농장,
삶은 박 속을 긁어내어
된장에 버무려 먹었던 가난의 맛이 생각이 났다.
먹어도 먹어도 질리지 않던 박 속 무침처럼
박꽃은 유년의 빛깔로 피고 있었다.

유홍초꽃

열무꽃

옥수수꽃

녹두꽃

수박서리

호박

도라지꽃

무궁화꽃 두 송이

거미

토마토꽃

뱀딸기

#41

열무꽃

열무가 꽃을 피웠다.
깊은 산속 숨어서 핀 조팝나무처럼
다래넝쿨 우거진 숲속의 마타리꽃처럼
혹은, 인간의 발길을 거부하는 백두산 수국처럼
사람들 눈을 피해 몰래몰래 꽃을 피웠다.
피하는 것은 내가 아닌데 피하는 것은 저희들이었구나.
내가 미워한 적 없었는데 숨어서 핀 것은 너희들이었구나.

유난히 조숙한 동창생이 있었다.
초등학교를 졸업한 그 이듬해 그녀는 시집을 갔다.
뜨거운 햇살 내리쬐는 여름,
밭을 매던 어머니는 덜 자란 열무를 뽑아 밭두렁에 던졌다.
열무는 그곳에 뿌리를 내리고 꽃피고 열매를 맺었다.
버림받고 피어도 벌 나비는 알아서 찾아왔던 그 밭두렁,
툇마루에 앉아 고개만 들어도 보이는 산밭이 있었다.

이른 아침 농장에 왔더니
열무밭에서 열무 하나가 꽃을 피워 놓고
옛날 울 어무니 오르내리던 산밭을 떠오르게 한다.
밭두렁에 낮게 엎드려서 핀
누이처럼 실겁던 동창생을 떠오르게 한다.

#42

옥수수꽃

식물들은 보통 한 몸에서 암수 한 쌍의 꽃을 피웁니다.

호박도 한 줄기에 암꽃이 있고 수꽃이 있듯이

옥수수도 마찬가지입니다.

맨 꼭대기에 수꽃을 피우고

옥수수대 사이사이에 통통한 씨방을 달고 암꽃수염을 터트립니다.

수꽃과 암꽃 피는 시기를 달리하여

근친교배를 막는다는 사실을 아시는지요.

행여 근친교배가 될지라도 씨알이 굵어지기 전에 도태시키는

자연의 이치가 참, 오묘합니다.

LH

#43

녹두꽃

녹두꽃 피기를 기다렸다.
노란 꽃이 지고 길쭉한 주머니를 내밀었다.
푸른 녹두주머니를 따서 질겅질겅 씹으면
비린맛보다는 고소한 단맛이 났다.

온전한 텃밭 하나 차지하지 못하고
밭두렁이나 참깨꽃 흔들거리는 밭귀에
깊은 정 하나 받지 못하고 얕은 호미 끝에 심군 녹두
꽃 떨어진 푸른 녹두가 간식이 되던 시절이 있었다.

낳기만 해도 저희들끼리 잘도 자라 주었던 우리들 세대
따뜻한 정 하나 받지 못하고 컸어도
녹두가 밭두렁에서 저 홀로 자랐듯이
말은 없었지만 속 깊었던 아버지 곁에서
녹두꽃은 소리 없이 피고 있었다.

#44

수박서리

잠들지 못한 시골 여름밤
달은 높게 떴다.
내 그림자가 발밑에 딱 엎드리고
허리 펴지 못한 그날
고란벌에는 참외수박이 지천에 깔리고
달빛 부서지는 소리밖에 들리지 않았다.
북두칠성, 카시오페이아, 삼태성이
훤하게 내려다보이는 밤늦은 하굣길,
원두막에서 희미한 남포등 불빛이 새어 나왔다
코가 유난히 컸던 코부리 고씨 영감이
원두막을 비운 것은 좀체 드문 일이었다.
그날 밤, 수박서리는 그렇게 시작되었다.
손에 잡히는 것은 두근거림뿐,
각자 품 안에 달 하나 별 하나씩 안고 돌아왔다.

퍽, 쪼개진 것은 수박인데 모여든 것은 우리들 우정이었다.

서리 수박을 쪼갰던 유년을 앞세우고

달덩이 같은 수박이 자꾸만 유년을 끌어당겼다.

#45

호박

이른 아침 산밭에 다녀온 어머니 바구니 안에는 크고 작은 호박이 가득했다.
"경란아, 호박 가져 가그라."
내려오면서 자식을 앞세운 이름을 또 부른다.
"학재여, 호박 땄어야. 갖다 묵어라."
집으로 돌아오신 어머니 바구니 속에는 달랑 한 개의 호박과 아침 이슬에 온통 몸빼바지만 젖어 있었다.

"아저씨, 호박 한 개 가져가세요."
이른 아침 어떤 할머니가 호박 한 통을 건넨다.
"받아도 돼요? 잘 먹겠습니다."
노란 호박꽃이 넝쿨째 피어 있는 텃밭 어귀에서 이름도 모르는 할머니가 내미는 인정에 발걸음이 가볍다.

옛날 울 어무니가 따다 나눠주시던 호박을 오늘 아침에는 내가 다시 받았다.
이슬 촉촉한 아침 농장이 훈훈하다.

#46

도라지꽃

후두둑,
놀래지는 않았을까.
밤새 내리는 빗소리에 젖어있는 이것들
한숨도 못 잔 것은 아닐까.

우르르 쾅쾅,
무섭지는 않았을까.
천둥번개가 온 밤을 흔들 때 귀를 막는 이것들
밤새 뒤척인 것은 아닐까.

혼자가 아니어서 다행이다.
너희들 떼로 모여 있어 좋구나.
청도라지 백도라지 도란도란 하는구나.
살다보면 어두운 곳도 있는 법

박씨 이씨 갖가지 성씨가 색깔로 어우러진 세상에서

길고 긴 밤을 너희가 이겨냈듯이

살림살이 풀릴 날 있을 거야

살다보면 그런 날도 올 거야.

#47

무궁화꽃 두 송이

- 박영규 형님 경감으로 정년퇴임하신 날에

밥풀때기 두 개 순경으로 시작한 세월
제주부터 무궁화꽃은 맺기 시작했다.
밥풀때기가 하나씩 어깨 위에 오를 때마다
쳐다보고 만져보던 형수님이 계셨으리라.
그렇게 흐르고 흘러온 35년,
아직은 이르다 한 시기에
계급도 오르고 나이도 찼다.
살아왔던 날보다도 살아갈 날이 더 많을 듯
장성군 산자락 미치게 푸른 언덕 집에 귀촌하여
손톱 밑에 그림자로 물들이고
푸성귀 몇 잎, 세월로 키우리라.
쓰다듬고 다독여왔던 세월들 그곳에 묻고
다시 싹 나거라 꽃 피거라, 소원하며 살리라.
무궁화꽃이 쌍으로 핀 어깨를 내밀며
잘 살아왔노라, 돌아보며 살리라
바람에 창문이 흔들리는 날
반가운 이 찾아온 줄 알고
발 벗고 뛰어나와 맞아 주시리라.

#48

거미

저들만의 언어로 반겨준다.
“좋은 아침입니다.”
영어 같기도 하고 아랍어 같기도 하지만
그냥 아침이라서 “안녕”이라도 상관이 없다.

인사를 받지 않으면 거미줄을 흔든다.
흔들리는 것은 거미만이 아니다.
검찰 앞에 불려간 주관도 신념도 없는 그것들,
정치판이 흔들리고 사회가 흔들리고
백돌이 흑돌이 되어 믿음으로 흔들린다.

하늘 높이 몸을 띄웠다.
거미줄에 매달린 것은 하늘과 구름이거나
방황하고 떠도는 그대 마음
걸려야 할 것은 아무것도 없었다.

거미줄에 걸린 것은 이슬뿐이다.

시대가 요구하는 양심뿐이다.

다만,

거미는 제 몸을 공중에 띄우기만 했을 뿐이다.

#49

토마토꽃

"너 참, 예쁘구나?"
시대가 바뀌어서 요즘은 이런 말도 못한다.
풍동초등학교 교문 앞에서 엄마와 손을 흔들며 돌아서는
아이의 뒷모습을 오래도록 바라본다.
앞가르마를 타고 두 갈래 머리를 땋아서
노란 댕기를 묶었다.
댕기 끝에는 흰나비 한 마리도 앉았다.

토마토는 줄기차게 꽃을 피웠다.
꽃피는 숫자만큼 토마토가 실하게 커 갈 무렵
그동안 토마토에만 너무 열중인 것 같아서
오늘은 꽃을 찬찬히 들여다보고 눈을 맞춘다.
"너 참, 예쁘구나?"
아무리 보듬고 쓰다듬어도 탈이 없는
옛날 학창시절 같은 좋은 아침이다.

#50

뱀딸기

눈썹 하나를 뽑았다.
단맛도 없는 하찮은 것들,
우리들은 차례대로
눈썹 하나와 뱀딸기 하나씩을 바꿨다.
풀섶에 눕힌 마음
어느 누구도 거부하지 않았다.

광탄 시몬의 집
시린 눈빛의 노인 몇 분,
수녀님은 자기 눈썹 하나를 뽑고
뱀딸기를 나누어준다.
눈썹도 사라진 그곳에서는
별들이 샘물처럼 쏟아진다.

망초꽃과 고마리(돼지풀)

방아깨비

벌레 먹은 열무밭을 보며

쌈채

애호박

돼지호박

단호박

괭이밥

씀바귀

피망

뫄리 감

#51

방아깨비

어떻게 왔을까.

내 고향 도초섬에서 날아온 이 어린 것

배 타고 기차를 타고

멀미나도록 버스를 타고 온 이 철없는 것

여기가 어디라고

한치 앞도 볼 수 없는 허울 좋은 농장에

어미아비 찾으러 기어이 왔구나.

벼 몇 포기 눈요기로 심었더니

제 고향인 듯 찾아온 방아깨비 한 마리.

#52

벌레 먹은 열무밭을 보며

나눠 먹기로 했다.
아니다, 이번엔 통째로 줄 참이다.
반절만 먹기로 했었는데 시기를 놓쳤다.
그래, 아예 줘야 할 것 같다.
열무밭이 엉망이다.
이파리에 바람구멍이 숭숭하다.
뒤집어보고 헤집어도 보지만
먹을거리가 없다.

이삿짐을 싸던 날
오늘처럼 비가 내렸다.
비 오는 날 이사하면 잘 산다는 말
위로가 될까 싶었다.
새 집으로 옮겨 놓은 짐 꾸러미들,
쓸만한 것은 책밖에 없었다.
저 열무밭과 다름없던 신혼살림
건질 것이 없었다.

#53

쌈채

“이름이 뭐랬드라?”
이름도 생소한 레드치커리
우리들 밥상을 차지한 지 오래되었다.
자주 만나다보면 이름이 무슨 소용,
이름은 모르지만 낯설지는 않다.
우리 산천에 흐드러지게 핀 구절초 같다.

“이름이 뭐랬소?”
뭐하려고 자꾸만 물어볼까, 민망하다.
십수 년 오며가며 간혹 보았던 사람들,
울 어무니는 오늘도 이름을 물어본다.
이름은 모르지만 낯설지는 않다고
상추 위에 이름도 생소한 레드치커리
외래종 푸성귀 한 잎을 우리 것처럼 포갠다.

#54

애호박

아기 호박꽃이 피었다.
꽃 떨어진 자리에 꼭지가 여물고
도깨비 방망이가 달렸다.
한 밤 자고 나면 한 뼘 넘게 자라고
또 한 밤 자고 나면 두 뼘을 넘었다.
'금 나와라 뚝딱, 은 나와라 뚝딱!'
필요 없는 사람들,
'열려라 뚝딱, 커져라 뚝딱!'
가난해도 희망이면 좋겠다.
애호박이 밤새 이슬로 자라듯이
따뜻한 마음, 그대로였음 좋겠다.
바래지 않고 늘 푸르렀으면 좋겠다.

#55

돼지호박

맛이 없나 보다.
돼지호박은 돼지만 먹나 보다.
그런데 사람이 먹는 이유는 무엇일까.
호박이면 모두 호박이라 부르면 될 일,
조선호박 애호박 단호박 돼지호박!

어디에서 사느냐고 물어본다.
아무렴 어떨까 강남, 강북?
어디에서 왔느냐고도 물어본다.
베트남 필리핀 캄보디아 스리랑카 인도?
다 사람 사는 세상인데
조선호박과 애호박 그리고 돼지호박이
지척에서 서성이며 꽃피고 맺는 텃밭인데
영남, 호남?
갈라놓은 그들은 누굴까.

#56

단호박

꼭지를 남기고 뚜껑을 따낸다.
속을 파서 묵은 찌꺼기들을 꺼낸다.
버려야 할 것들이 너무 많다.
시기 질투 욕심 그리고 미움 저주
담아서는 안 될 몇 가지를 퍼낸다.
그대로 둘 것은 몇 톨의 씨앗,
알량한 자존심만 남겨둔다.

무엇을 넣을까.
찹쌀 한 줌에 밤 대추 은행
그리고 강낭콩과 느타리버섯까지
아니면 낙지 한 마리, 덤으로 전복도
아니야, 낙지보다 더 큰 문어를 넣자.
욕심은 또 욕심을 낳는다.

무엇을 넣을까.

생각 중,

시 한 편 넣을까.

사십팔 년을 살고 떠난 친구의 삶을 넣을까.

단호박을 앞에 놓고

무엇을 넣을까

지금도 고민 중.

#57

괭이밥

남들이 풀이라고 말할 때
우리들한테는 요긴한 간식거리가 되었다.
노란 꽃잎이 지면 주머니를 만들었고
그 속에다 흰 쌀밥을 숨기고 있었다.
속잎을 따서 씹으면 시큼한 맛이 났다.

쌀밥 주머니에서는 쌀밥 냄새가 날까.
주머니를 벗기고 희디흰 쌀들을 손바닥에 쏟았다.
푸른 주머니 하나를 씹는 순간 양쪽 눈이 저절로 감겼다.
학교에서 돌아오는 길섶에는 괭이밥 삐비가 지천이었다.

우리 사는 세상,
반쯤 감긴 눈으로 바라볼 일이다.
노숙자 서성이는 서울역 습한 곳에서도
노란 괭이밥꽃이 피고
쌀밥 같은 주머니가 주렁주렁 매달리면 좋겠다.

#58

씀바귀

숨어서 피었다.
민들레 씀바귀 노란풀꽃
잎이며 꽃이며 고만고만했다.
그래도 너는 씀바귀,
누가 뭐래도 씀바귀임엔 틀림없다.
김정현의 소설 『어머니』에 나오는
은수 아빠 성태 씨, 숨어 있어도 알 수 있듯이.

단발머리에 흰저고리 검정치마가 유행했던
70년대 우리들 학창시절
까까머리 교복에 눌러쓴 모자 속에서
울 어무니는 아들을 찾아냈다.
알록달록 교련복에 머리꼭지에 눌러 쓴 베레모 속에서
울 아부지는 아들을 찾아냈다.
씀바귀가 숨어서 피어도 알 수 있듯이.

#59

피망

봄부터 속앓이 했다.

꽃 떨어진 후, 자리다툼이 심했다.

밀면 밀리고 또 밀리면서도 꼭지를 붙들었다.

커나가는 몸집을 주체하지 못했던 수많은 나날들

한 치 양보도 없었다.

S그룹 재벌 2세들 다툼은 그렇게 끝이 보이지 않았다.

피망이 파프리카란 이름을 내주었지만

자기 이름만은 고집했다.

장마는 무서웠다.

삼 년 가뭄은 견뎌도 삼 개월 장마는 못 견딘다 했던가.

무더위에 고추가 열병을 앓아도

피망은 한 치 양보도 없이 제자리를 지켰다.

#60

똬리 감

감나무 밑에서 감꽃을 세었다.

우물가 장독대 위에 하얀 꽃가루처럼 감꽃이 지고

고개를 들자 하늘에는 아직도 감꽃이 천지였다.

가을은 아직도 멀었는데 까치 대신에

참새가 먼저 와서 자꾸만 졸라댔다.

밭일 나가신 엄니 올 시간이 멀었는데

덩달아 막내가 먹을 것을 졸라대는 오후

똬리 감이 툭, 떨어졌다.

풍동초등학교 담장 밑 홀로 선 감나무

고향집 우물가의 늙은 감나무를 찾아오던 참새들처럼

지지배배 아침 햇살이 걸렸다.

여주

#61

밤송이

꽃진 자리가 아름다운 것은 너희가 있어서다.
밤꽃이 그리운 것도 너희 때문이다.
밤꽃 향이 천지에 뿌려지던 오월
달이 월식으로 가려질 때
건수 씨 딸은 기어이 집을 나섰다.
어미아비 몰래 밤봇짐을 쌌다.

가을바람이 불고 달은 높았다.
문풍지 바람에 흔들리던 호롱불빛이
찢겨진 봉창 사이로 새어 나왔다.
마른기침 소리가 뒤척인 토담집 너머
잠들지 못한 밤은 길고 길었다.
건수 씨 딸이 달빛을 밟고 돌아오던 날
밤송이는 제법 실하게 여물고 있었다.

#62

팥중이

아침 이슬이 채 마르기도 전에
손님처럼 찾아왔다.
톡톡 양쪽 날개를 비비는 품새
제법 거만을 떤다.
양 발에 힘이 들어갔다.
검은 두루마기를 뒤로 확 젖히고
속저고리를 펼치더니 하늘을 잡아당겼다.
흰 구름이 끌려왔다.
송장메뚜기라 불리는 팥중이가
농장의 아침을 환하게 열고 간다.

#63

실잠자리

지나가던 길에 잠깐 들렀다.
머무름도 길어지면 눈치가 보이는 법,
속없는 사위는 며칠째 그대로다.
마침 촉촉한 여름비가 내리던 날
보다 못한 장모가 내뱉는다.
"어이, 사위! 어서 가라고 가랑비가 오네, 그랴."
능청맞은 사위 그냥 갈 리 만무하다.
"아이고, 장모님! 더 있으라고 이슬비가 내립니다."

물을 찾아가던 길에 잠깐 머무른 실잠자리
어제 그제도 보였다.
눈치 보일라 떠나야지 하면서도
제 어미아비 머물던 무공해 고향 같다며
아예 눌러앉으려나 보다.
짝도 찾고 자식새끼들 낳고
아예 살림까지 차리려나 보다.

#64

토란

용돈이 필요할 때면 참고서 핑계를 댔다.
간고등어보다도 더 짜디짠 아부지였지만
책값만은 후하셨다, 묻지도 않았다.
천 원짜리가 천오백 원이 되기도 하고
아예 없는 참고서까지 등장했다.
그렇게 아부지 둘러 먹으며 군것질을 했다.
텃밭에는 이파리만 무성한 허울 좋은 토란대
씨알이 여물까는 나중 일이었다.

중학교 내 짝꿍, 제법 넉넉한 집안 덕택에
참고서는 니 것 내 것이 따로 없었다.
시험 시간에 컨닝페이퍼 한 장이면 족했다.
아부지가 원하던 고등학교 시험을 치르고
마을 이장 스피커를 통해 합격 소식이 퍼졌다.

울 엄니 자랑은 끝이 없었고

섬에서 뭍으로 유학 떠나던 날,

뒤뜰에 토란은 땅속 깊은 곳에서

시나브로 여물어 갔다.

#65

아버지와 농기구

울며 헤진 부산항,

아버지 십팔 번지를 흥얼거린다.

고향집 헛간 옆에서 일렬횡대로 줄 맞추어

제자리를 지키던 아버지의 물건들,

오늘은 하나하나 꺼내서 들여다본다.

펼치면 아버지 젊은 날이 보일까

삼십 년 세월이 흘러도 저들은 그대로인데

훌쩍 떠나버린 아버지를 찾아가서

잡초 무성한 산자락을

아버지의 낫이 휘도록 휘둘러야겠다.

돌아오는 길에 잠깐 등을 돌리고

아버지의 십팔 번지,

비나리는 고모령을 불러야겠다.

#66

해바라기

등을 돌려도 따라다닌 건 너였다.

나는 그저 바라만 보고 있을 뿐

너를 차마 바로 볼 수 없어

고개 숙이는 것일 뿐

내 고개 돌려세운 건 너였다.

고개 들면 빈 하늘

바람도 없는 하늘을 쳐다보면

그대는 늘 내 곁에 있고

흰 구름 양떼처럼 지나가는 오후,

한눈 팔 수도 없었다.

세월이 가면 사랑도 시들까.

젊은 청춘 다 바친 목숨 같은 세월

나는 보내지 않았지만

때가 되어 떠난다는 쪽지 한 장 남기고

기어이 고개를 숙이는구나.

해바라기 씨 한 톨 한 톨이

그리움으로 여무는구나.

#67

더덕꽃

소가 처음으로 울었다.

방천 구슬나무 밑에 소를 묶었다. 소문은 금세 마을로 퍼지고 늙은 구슬나무 옆 정자에는 소문으로 사람들이 모였다. 숯에 불을 당구고 풍무를 돌렸다. 쌩쌩 바람소리에 실린 새파란 불꽃은 무섭게 달아오르고 소는 왕눈을 뜨고 울었다. 쇠창에 달궈진 시뻘건 불꽃은 더덕꽃을 닮았다. 울음도 참아낸 소의 코가 뚫리고 코뚜레를 끼웠다. 소의 성년식은 끝났다.

소는 두 번 운다.

모정(母情)이 이만할까, 부정(父情)이 이만할까. 쟁기질을 하면서도 송아지는 늘 어미 곁에 있었다. 천둥번개가 마을을 진동할 때 빗줄기는 용달산 너머에서 몰려왔고 기어이 도랑물은 넘쳤다. 일제히 마을은 잠에서 깨어났다. 한밤중 소나기가 몰려올 때면 염전 비몰이를 했다. 포대에 모래를 퍼 담고 집으로 들어오는 물을 막았다. 마당은 둥둥 떠 있었다. 흐르다 멈추는 저것들, 외양간 송아지가 어미 곁에 모로 서 있고 어미 소가 거친 숨소리와 함께 훠이 훠이 고개를 휘저었다. 더덕꽃 같은 워낭이 뎅그렁 뎅그렁 소리를 냈다. 어미 소가 참았던 울음을 토해낼 때 더덕은 미치게 꽃을 피웠다. 더덕에선 여물 냄새가 났다.

#68

돌배

"너는 왜 그렇게 못생겼니?"
수색역 앞 모 산부인과에서 딸애의 탯줄을 잘랐다.
아들인 줄 알았다. 울 아부지도 그렇게 믿었다.
아이의 울음소리를 들으며 밖으로 나올 때
어디 가냐고 물었지만 대답을 안했다.
공중전화 박스 안에서 오래도록 머물렀다.
"딸 낳았습니다. 이름 하나 지어 보내세요."
육지에서 섬으로 띄워 보낸 전언
거리가 너무 멀었을까.
박스 안의 정적은 길고도 길었다.
"딸인데 네가 그냥 짓거라."

봄날,
배꽃은 희다 못해 옥빛으로 피었다.
제 이름 하나 받지 못한 눈이 컸던 딸아이
돌배처럼 생긴 딸아이를 내려다본다.
배꽃보다 더 예쁜 꽃이었다.

#69

고추꽃은 피더라

유월 장마가 끝나고 끝물이라 여길 때
고추는 땅심을 끌어 올려 하얀 꽃을 피웠다.
꿀벌들이 떼로 몰려 꿀 사냥에 나서고
여왕벌의 잉태를 위한 날,
하늘을 당기자 일제히 빨려간 수벌들
돌아온 것은 여왕벌뿐이었다.
며칠을 앓아 눕던 여왕벌은
궁둥이를 내리까고
소초판이 허옇도록 알을 실었다.
하늘이 뜨겁던 칠팔월
뜨거운 것이 어찌 하늘뿐이랴.
그리움에 몸살을 앓던 열병으로
고추는 스스로 제 몸을 때려서 붉어지고
젊은 여왕벌을 따라 분봉하던 날에도
고추꽃은 소초판의 알처럼 하얗게 피더라.

#70

달개비꽃

그믐밤 칠흑 같은 어둠 속에서도 빛나는 것은
별과 반딧불이었다.
꽁무니에 파란 혼불을 달았다.
밤하늘에 별똥별이 섬광처럼 떨어지던 그날
쫓고 쫓기는 우리들과 저들
끝내 주저앉은 것은 우리들이었다.
어둠도 따라 눕던 골목길,
반딧불이가 모여 있던 풀섶을 헤치자
달개비가 파란 꽃을 피웠다.
반딧불이 파란 이유를 알았다.

반딧불이가 사라지던 날
간암 판정 꼭 일 년 만에 내 불알친구는 떠났다.
반딧불이 돌아온다는 기약조차 없었고
그립다, 말하지 않아도 알겠다며 떠날 때

습지 응달에서 기다림에 지친 달개비는
파란 꽃잎 두 개를 내밀었다.
잠 못 이루는 것은 내가 아니었는데
은하수는 빛들을 모아 아득하게 쏟아졌다.

고마리(돼지풀)

#71

당근

중학교 이학년 때 연애편지를 받았다.
지금은 얼굴도 가물거린 사십 년 전,
두근거리는 것은 편지봉투 속이 아니라 내 가슴 속이었다.
'뭐라고 쓰였을까'
아무도 몰래 학교 뒤 농장 똥뫼산으로 올랐다.
양지에 무덤이 즐비했지만
봄볕은 모두 이곳에 몰려 있었다.
편지를 읽기도 전에
숨어서 저 혼자 붉어진 당근 같았다.

고등학교 2학년 때 연애편지를 썼다.
목포 죽동 원진극장 뒷골목에서 기다릴 때
나는 그대로인데 홍당무는 편지였다.
뭐라고 썼는지 기억에도 없는 그 시절,
찢어진 종이는 많았고 은행잎이 대신했던 편지

육십 촉짜리 붉은 스탠드 밑에서
할 말은 없는데 쓸 말은 많았다.
새벽 별빛이 아름다운 장독대에 올라
당근보다 더 붉은 속마음을 숨겼다.

#72

고추잠자리

하늘이 깊어갈 쯤
고향집에는 약속이나 한 것처럼 곤충들이 몰려왔다.
매미 여치 풀무치 찌르레기
그 중에 단연 고추잠자리가 가장 높이 있었다.
빨랫줄에 걸린 흰 옥양목이
저희들끼리 몸 부비며 소리를 내고
간대 끝에 고추잠자리가 하늘을 받쳤다.
코를 꿰서 낚아 올린 망둥어 몇 마리,
함께 따라온 바다는 갯바람을 몰고 와
제 삭신을 말리고 있었다.
늘 기다린 것은 아니었지만
때가 되면 어련히 알아서 올까
빨래를 거두면서도 샐팍으로 자꾸만 눈길이 갔던 엄니
'비가 올려나? 어젯밤에 달무리가 지더니만.'

마파람이 돌아서 부는 오후

누가 있는 것처럼 혼자 중얼거릴 때

여름 햇볕으로 빨개진 고추잠자리

휙, 날아간다. 마중을 간다.

#73

나팔꽃

- 아들에게

이른 아침에 나팔꽃 인사를 받으며 네 안부를 묻는다.
고향 떠나 뭍으로 유학을 떠난 후
아버님 전상서로 시작된 편지를 띄우면
정구 보거라로 시작하여 애비가로 끝난 답신이 왔었다.
제주 생활이 폭폭하거든 편지를 쓰거라.
소녀시대 우표가 나오는 날,
목포 산정동우체국 앞의 기다림도 즐거웠던 70년대 그때처럼
긴 줄을 서면서 봉투에 아빠의 생각을 붙였다.
가을이 오고 소슬한 갯바람이 불거든 편지를 쓰거라.
너에게는 아빠가 있지만 아빠의 아버지가 없는 이른 아침에
오늘은 내가 나팔꽃 인사를 대신 받으며
아들에게로 시작되는 편지를 쓰는구나.

#74

태화강변의 보리밭

울산 태화강 십리대숲 길을 따라가다 보면
오월 느린 소걸음을 만난다.
태화강에 소 입김 같은 물안개가 피어오르면
강변 너머 쌀보리가 저절로 여물고
새벽안개는 오죽(烏竹)을 함께 키웠다.
역사로 흘러왔던 태화강
흐르는 것이 어디 강물뿐이었으랴.
강변의 사람들도 흐르고
흐르다 문득 멈춰서 돌아보면 아득한 세월,
우뚝 서 있던 한 사람이
금빛 물결 출렁이는 보리밭 속으로 들어간다.
먼 기억을 헤집고 제 어미 투박한 손등을 타고
제 아비 껄끄러운 모시적삼을 열며 걷고 또 걷는다.
태화강변 사람들이 보리밭 길을 열었다.
내 누이 손잡고 걷는 저들의 뒷모습을
아버지가 그랬던 것처럼
나는 오래도록 바라본다.

#75

강아지풀

- 다시 아들에게

길섶의 강아지풀을 보면서

아빠의 유년보다 네 유년이 먼저 떠오른단다.

유난히 호기심이 많았던 너의 어린 날을 기억하느냐.

강아지풀의 내력을 동화처럼 이야기해줬던 그날을 기억하느냐.

손바닥에 올린 강아지풀을 보면서

진짜 강아지를 부르듯 이리 와 했을 때

아빠의 유년이 확, 끌려왔단다.

끌려온 것은 강아지풀만이 아니라 띠뿌리 삐비

너의 이름처럼 막 불러도 좋을

아빠 유년의 코 묻은 이름들이었단다.

네 나이 다섯 살,

너의 아빠 이름이 뭐지, 물었을 때

우리 아빠 이름은 두 개예요.

왜 이름이 두 개야?

술 마시면 술정구, 안 마시면 박정구예요.

너는 참, 별난 아이란 칭호를 받았지만

요즘 들어 아빠는 바람구멍 숭숭 옛날의 아빠가 아니란다.

세월이 가면 따라서 변하는 것이 이런 것이구나, 느낀단다.

오늘은 아빠도 맨살의 유년으로 돌아가련다.

여름이 가기 전에 강아지풀 꺾어다 경주를 시키고

사금파리 주워다가 살림살이 차렸던 동창을 만나야겠다.

#76

수세미

비닐하우스 파이프를
빙글빙글 감고 올라 꽃을 피웠다.
하늘은 넓고도 높았지만
그래도 척박한 땅,
속 깊이 뿌리를 내렸다.
어디까지 뻗어 오를지 모르는 꿈을
노란 꽃으로 피우고
수세미 몇 개를 희망처럼 키웠다.

양학선이 체조에서 금메달을 따던 날,
금빛보다 더 누런 똥 같은 비닐하우스 집이
생각났겠다.
몸을 띄워 공중에서 빙글빙글 돌며
병든 부모를 생각할 때

세상은 너보다 빠르게 돌았다.

너는 몸을 비틀어 허공을 돌리고

마른 세상을 돌릴 때

수세미도 제 몸을 돌려서

벗겨진 비닐하우스 지붕이 노랗도록 꽃을 피웠다.

#77

박하 화분

누가 버렸을까.
꽃이나 봤을까.
한참 들여다보다 꽃잎 하나를 땁니다.
짙은 박하 향이 손끝에서 피어납니다.
화분에 담긴 채 버려진 박하를
애써 못 본 척 그대로 두고 돌아섭니다.

버려진 것이 어디 한 둘이랴.
눈곱 낀 얼굴로 거리의 미시처럼 떠도는
푸들 시추 말티즈 이름도 생소한 강아지들
영순이 미순이 친숙한 이름을 얻었지만
자식에게 버림받는 세상에서 이런 것쯤,
버려진 것이 어찌 너희뿐이랴.

고향집 우물가에는 박하가 지천입니다.

박하 향은 집안 가득 퍼졌고

매듭마다 하얗게 박하꽃이 핍니다.

버려진 박하 화분이 생각나 다시 찾아갑니다.

눈에 밟혀 찾아갔지만

아, 화분째 사라졌습니다.

낯선 곳에서 우연히 고향 사람을 만났다가 헤어진 듯

나는 그 자리에 오래도록 서 있습니다.

#78

작두콩

잔설이 남아 있는 이른 봄
시렁 위에서 겨울을 보낸 녹슨 작두가 나오고
아버지는 새벽을 깨우며 작두날을 갈았다.
작두 속에 볏짚을 밀어 넣을 때
공중에 몸을 띄웠다 힘껏 내려 밟았다.
댕강댕강 잘려 나간 설움의 시간들
사랑채 가마솥에서 소죽 냄새가 구수하다.

텅 빈 외양간, 소 울음도 그친 고향의 들녘에는
모시적삼 입은 노인의 뒷모습이 보였다.
옛날의 나는 벌써 논두렁길을 걷고
시절의 그리움을 아는지 모르는지
소가 큰 소리로 새끼를 부르며 밭갈이 할 때
아버지 새참 막걸리 주전자는 반으로 줄었다.
작두콩은 외양간 지붕 밑에서 떼로 열렸다.

#79

수수

하늘에서 손을 내밀면 수숫대는 잡힐 것 같다.
해님 달님 이야기가 수수밭에 있었고
수숫대에는 아직도 호랑이 핏자국이 선명했다.
울 할머니가 들려주던 옛날이야기처럼
친구 방호는 수숫대가 빨간 내력을 들려주었다.
동아줄을 기다리던 남매의 눈망울을 보며
호랑이가 썩은 동아줄을 잡고 올라가다 줄이 끊어진 순간
어릴 적 그랬던 것처럼 나는 그만 헉, 숨을 멈췄다.
남매가 하늘 높이 떠난 후
하늘 밖으로 한 통의 편지를 띄웠다.
하늘은 비어 있고 답장 없는 하루를 보낼 때
그 자리에는 수수가 알알이 맺혔다.
그리울 것도 없으련만 무슨 그리움이 남았을까.
그저 하늘만 바라보며 여물어 갔다.

#80

대추나무

늙은 대추나무에 대추가 열렸다.
가지마다 축축 늘어지며 옹골지게 열렸다.
나이가 들수록 속이 꽉 차가는 대추나무를 보며
늙으면서 속이 텅 비어가는 울 엄니 생각이 났다.

정월 대보름날이면 어머니는
횟가루 포대에 싸서 두엄 속에 묻어둔
무쇠솥뚜껑보다 더 큰 홍어를 꺼내 와서 껍질을 벗겼다.
집 마당에 덕석이 깔리고 질경이보다 더 푸른
초롱 잎을 뜯어다가 윷판을 그렸다.
장독대 옆에 서 있는 깡마른 대추나무
아버지는 손가락 굵기의 가지 하나를 잘랐다.
깍정이 윷은 그렇게 만들어졌다.

윷판이 돌았다.

사기 종재기에 윷을 넣고 흔들어대는 모습도 가지각색이었다.

윷을 뿌리자 윷들이 흩어지고 종재기는 허공을 날아다녔다.

윷이 떨어지기도 전에 자기 무릎을 힘껏 때리며 모야, 외쳤지만

부른다고 도가 모가 될 리는 만무했다.

굵게 썬 찰진 홍어가 나오고

채에 막걸리를 부어 손으로 주물거린다.

고구마로 담군 단맛이 나는 막걸리였다.

울 아부지는 달다고 싫어했지만

쭈글쭈글한 대추는 막걸리에 취했다.

내년 정월 대보름에도 대추나무는 가지 하나를 내줄 참이다.

막걸리에 동동 띄울 대추도 퍼줄 참이다.

아버지가 떠난 그 자리에 내가 들어가서

종재기 윷을 힘껏 던져볼 참이다.

으름

미나리꽝

들깨꽃

벼꽃

부추와 어머니

박

풀꽃

무화과

콩꽃

쇠비름

섬서구메뚜기

#81

미나리꽝

못자리 옆의 도랑에는 늘 미나리가 가득 찼다.
물은 바로 흐르지 못하고 틀어진 물꼬를 따라
모판의 논으로 향했다.
모내기가 시작되는 유월,
어머니 또래 아짐들은 손으로 모를 쪄냈다.
물 위에 둥둥 떠다니는 볏 짚단에서
볏짚 하나를 뽑을 때마다
획, 물소리가 품어져 나오고
손놀림이 제일 빨랐던 울 어무니는
볏모가지를 묶어서 내동댕이 쳤다.
누군가 잠간 허리를 폈다 굽히며 노래를 부를 때
우리들은 논두렁으로 못단을 옮겼다.
지게에 비료 포대를 깔고 못단을 실던 날
모를 쪄낸 아짐들 종아리에는
시커먼 거머리가 너댓 마리씩 붙어 있었다.
논물이 흐르는 고랑의 미나리들
때가 되면 저들도 끼리끼리 모여서
꽃대궁을 밀어 올리고 하얗게 꽃을 피웠다.
고향의 논을 묵히자 고랑 물도 마르고
미나리꽝은 흔적도 없이 사라져 버렸다.

#82

들깨꽃

가을이 깊어가면서
들깨꽃은 시나브로 피었다.
풀섶에 풀벌레들이 울어 싸면
들깨꽃은 또 한 번 처절한 몸부림으로 피었다.
늦여름 끝자락에 가을이 걸리자
싸구려 인생처럼 송이송이 목숨꽃을 내밀었다.
이제는 더 이상 줄 것도 말 것도 없는 막장,
누군가 보라고 꽃 피운 것은 아니지만
꽃진 자리에 들깨 씨가 여물자
이들도 떠날 채비를 한다.
돌아보면 몸싸움이 심했던 젊은 시절
너를 이겨서 미안하다 하면서 떠나려 한다.
때로는 져주는 것이 이기는 것임을 알면서도
끝내 이기려고만 하면서 살아왔던 우리들처럼
때가 되면 다 아는 것, 늦은 후회를 하며
너에게 져주지 못해 미안하다 하면서 떠나려 한다.

#83

벼꽃

목숨 하나 뽑아 올렸다.
나락 하나하나에 하얀 찹쌀가루 같은
쌀꽃이 피었다.
대곡역 전철은 소리 없이 머물다 떠나고
문산 가는 열차를 기다렸다.
저만치 따라오는 어머니.

들판이 흔들거렸다.
바람은 그대로인데 흔들거리는 것은
너 혹은 나
우리는
하얗게 휘날리는 벼꽃을 바라보았다.
밥꽃이다.
목숨꽃이다.
.
.
.
아니, 개밥꽃이다.

#84

부추와 어머니

시골 돌담장 밑에 부추가 자랐다.
어둠은 그곳으로 몰렸지만
늘 꽃 필 시기를 놓쳤다.
자라면 잘라내고 또 자라면 잘라냈다.
우리는 솔이라 불렀다.
솔이 꽃피는 것을 보지 못했다.
부추는 꽃이 없는 줄 알았다.

울 어무니 밥뚜껑에는 생선대가리가 가득했다.
고등어조림을 해도 명태찜을 해도
조기찌개마저도 대가리는 늘 어무니가 묵었다.
울 엄니는 생선대가리만 좋아하는 줄 알았다.

언제부턴가 밥상에 앉을 때면
생선대가리는 내가 먹었다.

누군가 말하지 않아도
으레 내 밥뚜껑 위에 올라온 생선대가리들
내가 생선대가리만 좋아하는 줄 아는가 보다.

고향집에서 보지 못했던 솔이 꽃을 피웠다.
부추도 꽃이 있구나 생각했다.
요즘 울 어무니는 생선대가리를 먹지 않는다.
엄니 좋아한 생선대가리, 했지만 고개를 흔든다.
때가 되면 나도 울 엄니처럼 고개를 흔들어야겠다.

#85

박

굴리고 싶다.

둥근 것은 무엇이든 굴리고 싶다.

굴리지 않아도 저 스스로 돌아가는

우주 속의 지구처럼

태양 건너편 달처럼

그러나 굴려야만 굴러가는

지구 속의 모난 것들

각진 것을 보면 깎고 싶다.

깎고 깎아서 굴리고 싶다.

#86

풀꽃

부추 밭에서 잡초를 뽑았다.
뽑다가 손길을 멈췄다.
이름도 없는 풀꽃,
꽃이 피었다.

정희성 시인의 「민지의 꽃」이 떠올랐다.
청옥산 기슭의 외딴 집에서 자란
다섯 살배기 민지가
잡초에게 물을 뿌리는 모습이
선하게 그려졌다.

다시 부추 밭귀에 앉아 잡초를 뽑다가
가만히 들여다본다.
뽑아 — 말아 — 망설이다가
민지 생각에 그만 물을 주었다.

#87

무화과

소갈머리 없다는 나와
속이 꽉 찼다는 너
모차르트 교향곡 G단조 협주곡을 들을 때
나는 목포의 눈물 뽕짝이 그리웠다.
능곡역 앞 후미진 먹자골목
젓가락 장단에 그들의 노래가 퍼지고
나는 속절없는 아이처럼 따라 들어갔다.
염전 바닥 하얀 소금 같은 웃음소리가 있었다.
내 고향 사람들, 음정 틀린 노래를 따라 불렀다.
밤 다래가 한창이던 고향집 앞마당에
여름밤 별빛이 쏟아지던 날이면
담장 끝에 무화과들 갯바람에 여물고
진한 홍어 냄새가 묻어났다.
서산을 넘어가지 못한 채 낮달이 뜨면
저절로 열리지 못하는 아침을
무화과가 씨방을 숨기고 열어주었다.

#88

콩꽃

콩꽃 위에 이슬이 맺혔다.
지나가던 바람도 잠시 멈췄다.
보일 듯 말 듯 저희들만 아는 눈짓
혼자 피기 외로워 떼로 피었다.
저 꽃도 지고 나면 흔적이 남을까.
한 시절 삶도 덧없다던 춘옥이 매씨(妹氏)처럼
웃자라 뽑아낸 자리를
세월이 흘러가도 기억하고 있을까.
콩꽃에는 비린내가 나지 않았다.
설움도 깊어지면 병이 된다는 것을
자식을 앞세운 그 누이가 가르쳐 주었다.
비를 맞고 젖어서 피운 서리태꽃이
아침 이슬로 제 아무리 눈곱을 닦아도
일흔을 넘긴 춘옥이 누이의
침침한 오늘 아침을 끝까지 열지 못했다.

#89

쇠비름

때론 허리를 굽혀야 한다.

뻣뻣하게 고개를 들면 볼 수 없는 것들,

때론 낮게 허리를 굽히고

더 낮게 고개를 숙여야 한다.

아무 때나 허리를 굽혀서는 안 된다.

허리를 굽히지 않아도 보이는 것들

고개를 숙이지 않아도 똑똑히 보이는 것들,

당당하게 허리를 세우고

고개를 바로 들고 볼 일이다.

밭귀에 저 홀로 뒹구는 쇠비름

땅줄기 끝에 노란 꽃망울이 맺히면

가만히 고개를 숙여야 한다.

풀이라고 그냥 밟고 지나가선 안 된다.
쑥국을 그리워하는 하우스촌 사람들
못 배운 설움보다 천대가 더 서럽다는
쇠비름 같은 사람들,
어깨를 감싸고 토닥토닥
등을 두드릴 줄 알아야 한다.

#90

섬서구메뚜기

어린 섬서구가
제 어미를 업고 간다.

엄마, 업혀 봐.
세월보다 더 빠르게 가벼워진 몸무게
바람 한 점이 매달린 것 같다.
나는 하나도 슬프지 않은 척 꼿꼿이 서 있는데
몸은 바람에 부딪힌 나뭇가지처럼 흔들렸다.

모내기 때면 엄마는 못밥을 날랐다.
소쿠리 가득 머리에 이고
뙤약볕 행길을 걸을 때면 엄마의 한 손을 잡았다.
잔등 너머 엄마 손 잡고 외갓집 가던 날에도
등에 업힌 둘째의 고개가 젖혀지고 흔들렸다.
젊은 엄마 젖냄새나던 그때는 60년대.

섬서구메뚜기가

제 어미를 업고 소풍가던 날

나도 늙은 엄마를 업고 텃밭으로 마실 나간다.

고사목과 으름넝쿨

#91

귀뚜라미

네가 슬픔을 알고 울었더냐.
恨으로 살아온 저 여인의 설움을 알았더냐.
손짓, 몸짓 하나하나에 깃든
민족의 恨을 알고나 울어 쌌느냐.
나는 안다. 누군가 말해주지 않았어도
나는 다 안다.

국립국악원 우면당에서 칠십 그 춤꾼은
하늘을 당기며 춤을 추었다.
거문고 가야금 가락에 맞춰
해금 대금 피리 울림에 맞춰
때론, 북 장구의 장단에 맞춰서
몸을 둥둥 혼을 둥둥 하늘에 띄웠다.
와르르 무대로 끌려간 객석의 사람들.

쑥대머리 한 구절을 읊을 줄이나 아느냐.
북채를 잡은 저 고수의 추임새를

북 모서리에서 툭, 불거져 나오는
짧고도 매서운 바람소리를 들었느냐.
천년이 흘러도 만년이 흘러도
네 소리보다 더 푸른 가을 하늘이 저 곳에 있거늘
손끝에 매달린 숨죽이는 맥박소리가 있거늘

이른 가을 문턱에 앉아 소리로 우는 너는
소리더냐 노래더냐 아니면 울음이더냐.
소리라면 한으로 퍼질러 놓거라.
한 오백 년 한 자락도 깔아 보거라.
노래라면 부르고 또 부르거라.
흘러간 옛 노래도 한 곡조 뽑거라.
그러나 울음이라면,
차라리 속으로 울거라.
가슴에 피멍 들도록 속으로만 울거라.

#92

흔적

- 태풍 볼라벤

새가 앉았다 떠난 자리에

하얀 똥이 남았다.

푸드덕

하늘을 끌고 가는 날갯짓에서 새털이 빠지고

바다 속에 자맥질할 때

우리는 일제히 고개를 돌렸다.

새의 깃털을 뽑듯 뽑히는 과수원을

모퉁이에 서서 장승처럼 바라볼 때

눈을 부릅뜨고 날갯짓 한 번 만에

오키나와 이름 없는 촌가를 덮쳤다.

대륙을 횡단하는 알바트로스 날개에서

쉬__익, 쇳소리가 났다.

문을 닫는 우리들과

맨몸으로

바람을 맞이하는 저들,

나는 앞가슴 단추를 풀었지만

아무 일도 없었다.

문을 여닫는 소리 속에서

갇혔던 새가 날아갔다.

#93

쪽파 종자를 심으며

신경숙의 『엄마를 부탁해』
소설을 읽다가 덮는다.
또 몇 페이지를 넘기다가 다시 덮는다.
내가 살아왔던 옛날이야기 같아서
책장을 쉬 넘기지 못하고 자꾸만 덮고 만다.
가만히 큰아들 이름을 부르며
형철아, 미안하다, 어머니 목소리가 들린다.

어머니는 시렁에 걸어둔 망태 속에서
씨 쪽파를 꺼내다가 하나씩 쪼갰다.
쭈글거리고 보잘 것 없는 것들,
쪽파 한 조각을 심을 때마다
잘 크거라, 다독이던 호미 끝
행여 밟을라 뒷걸음치며 심었다.

이웃에서 쪽파 종자를 얻은 이른 아침
나도 울 엄니 옛날에 그랬던 것처럼
잘 크거라, 아들에게 말하듯
호미 끝을 조심스레 누른다.

#94

들깻대를 뽑으며

들깻대를 뽑았다.

내 키보다 더 커버린 놈들

마음이 짠했다.

뽑아야 할 것은 너희가 아닌데

뽑혀야 할 것들은 더더욱 아닌데

한여름 시퍼렇게 눈뜨고

텃밭을 지켜왔던 요것들을

가물었던 땅에 깊이 뿌리내렸던

이 하잘 것 없는 놈들을

힘껏 당기고 비틀고 뽑으려고 힘을 쓰지만

뽑히지 않으려고 모질게 버티는 요것들이

짠하디짠하고 안쓰럽기만 하다.

#95

배추모종을 심으며

땅강아지가 땅집을 만들었다.

두더지 지나갔던 어제,

태풍 덴빈이 참았던 숨 한 번 크게 내뿜고

기어이 울산을 통과할 때

그놈들은 땅 밑을 헤집었다.

땅 위에서도 성하지 못한

죽일 놈들.

비 오는 날

비옷 위에 떨어져 더러는 튕겨지고

더러는 살 속 깊이 파고들 때

소리를 듣는 빗방울들

나는 돌아앉아서 배추모종을 옮겨 심었다.

비를 맞은 것은 나인데

젖어있는 저들.

모판이 비워가고

제자리를 찾아가는 저들 사이에서

배추가 꽉 찬다. 속이 찬다.

우거진 밭고랑을 건너며

한 발 두 발 조심스레 내딛는 발자국 소리에

저들도 숨을 죽이고 귀를 세운다.

비가 멎고 고요하다.

#96

익모초

혀끝이 알싸하다.
쓴지 단지 분간할 수가 없다.
목구멍 깊숙이 밀어 넣고 숨을 멈춘다.
그리고 눈을 감았다.

이우림 시인의 시집 표지를 더듬는다.
손끝에서 산호꽃이 피고 섬이 머물 때
술밥 냄새 묻어나는 막걸리를 마셨다.
익모초 달인 물로 입을 헹궜다.

소리 없이 달이 꽉 찬 칠월 백중날
서삼릉 으슥한 달빛을 밟았다.
길섶에 익모초가 꽃대를 뽑아 올리고
보랏빛 꽃망울을 터트렸다.

여우가 달그림자 뒤로 숨는다.

달을 돌리던 손을 멈춘다.

할머니가 넷째를 업고 마실 나갈 때

막내를 낳은 어머니는

처마 밑에 걸어둔 익모초를 손수 달였다.

#97

파종

봄을 끌고 왔다.

아지랑이 흔들거리던 고향의 들녘

굳게 다문 땅을 팠다.

쇠스랑 끝에 걸린 하늘이 내려앉고

떼로 끌려온 구름이 내려앉고

지나가던 바람도 멈추던 그날,

철 지난 텃밭에 봄을 뿌리고 묻었다.

때가 되면 싹을 틔우거라.

늦었지만 꽃도 피거라 빌면서

철이 순이 영이 어린 이름들을 묻었다.

그리고 물뿌리개 가득 물을 채우고

봄비처럼 고루고루 뿌렸다.

금세 손바닥에 생긴 물집

어머니 손바닥의 굳은살이었다.

세월이 만들어준 훈장 같은 것
물집이 터지도록 허공을 휘둘렀다.
여름이 봄처럼 더 낮게 텃밭에 엎드릴 때
나도 따라서 봄처럼 누웠다.

#98

나비의 꿈

흔들리는 이파리 위에 나비가 앉았다.
오무렸다 저절로 펴지는 하늘과
짧은 수염에 걸린 물방울
나비는 큰 눈을 감았다 뜬다.
물방울 속에 스스로 갇히고
세상을 내다본다.
오는 사람과 가는 사람
그들의 앞과 뒷모습을 본다.
꽃피는 세상과 꽃지는 세상
나는 어디에 앉아야 할까.
나비는 꿈을 꾸다가 이별을 생각한다.
투명한 물방울 속에 갇힌
땅 끝 하늘 끝 그리고 바다 끝
나비는 다시 꿈을 꾼다.

#99

간이의자

개명산 국수봉 오르는 길목에
통나무 간이의자 두 개
하나는 내 것, 또 하나는 그대의 것
가다가 가다가 쉬어가는 곳
오다가 오다가 머무는 곳
가다가 오다가 기다리는 곳
오다가 가다가 지나치는 곳

개명산 형제봉 오르는 산길에
임자 없는 간이의자 두 개
내가 앉으면 너도 앉았던 우리의 것
살다가 잠시 쉬어가는 곳
힘들 때 더러 머물다 가는 곳
그리울 때 행여, 기다리는 곳
기다림에 지쳐 뒤돌아보던 곳

개명산 주당봉 찾아가는 숲길에

그대가 앉았을 통나무 간이의자

오르다 잠시 앉아 본다.

왔던 길보다 가야 할 길이 더 남은 길목,

돌아오며 다시 쉴 날을 생각한다.

#100

공릉천에서

가을비로 공릉천이 넘쳤다.

흐르고 흘러온 먼 강길 따라

떠나면 떠난 자리 빈자리로 남고

서러움보다 더한 그리움에

공릉천 텃새 왜가리

발목이 시리다.

천변에 늘어진 버들잎이 뒤집히면

바람은 불다가도 멈추고

굽이굽이 강 같은 세월

부들이 황금색으로 익어갈 때

공릉천 텃새 왜가리

시린 날개를 편다.

쪽파밭

당근꽃

마(山藥)

망초꽃

물봉선화

바람에 흔들리고 비에 젖고

박주가리

벼

병든 고추

분꽃이 피는 저녁

사마귀 소풍 가던 날

#101

당근꽃

보름달 뜨는 갈밤에
어둠을 밝히는 것들
나는 그저 바라만 볼 뿐.

둥글게 모여 살던 달동네
계단에 달빛이 머물 때
지팡이도 따라 쉬던 곳.

허허실실 웃는다.
당근꽃 피는 저 동네
눈썹 위에 손을 얹고 실눈을 뜬다.

#102

마(山藥)

마가 꽃을 피던 시기는 여름이었다.
콩깍지 같은 씨방도 맺었다.
여름을 감고 오르던 마 줄기가
끝도 없이 타고 오를 때
뿌리는 밑으로만 뻗었다.
마가 굽어서 여물지 못함은
비록 천박한 땅에 뿌리를 내렸어도
곧은 기개와 절개 때문이리라.
여름이 가고 가을이 오는 자리에
꽃이 지고 잎도 졌지만
땅속 깊은 곳에서
봄을 준비함이리라.

#103

망초꽃

망초꽃 피었다.

개망초꽃이 떼로 피었다.

깊어가는 가을

혼자 피기 외로워서일까.

더불어 피었다.

#104

물봉선화

이란성 쌍둥이다.

셋째네 일곱 살배기 민혁이 혜란이

노랑 빨강 물봉선화다.

톡톡 튀는 아이들

싸이가 말춤을 출 때 세계는 열광했다.

오빤 강남스타일 외칠 때

아이들은 고개까지 끄덕이며 따라했다.

팔을 흔들고 발을 구를 때

물봉선화 가는 목도 흔들흔들 흔들렸다.

이란성 쌍둥이다.

똑같은 몸짓으로 말춤을 추는 강남스타일

노랑 빨강 물봉선화는

민혁이 혜란이다.

#105

바람에 흔들리고 비에 젖고

바람에 흔들리는 것은 갈대만이 아니다.

때론 너와 나, 사랑도 흔들린다.

비에 젖는 것은 꽃잎만이 아니다.

때론, 우리들 삶도 꽃잎처럼 젖는다.

#106

박주가리

새밥나무라 불렀다.

꼿꼿하게 설 줄도 모르는 넝쿨

풀로만 살아왔던 너희들

앞으로도 천대받으며

풀로만 살아야 할 너희가

나무란 소리에 우쭐댄다.

사내 다섯이 지나간다.

사장님, 부르자 사내 셋이 몸을 돌린다.

다시 회장님, 부르자

나머지 두 사내가 고개를 돌린다.

사장 아니고 회장 아닌 자가 없는 세상.

박주가리가 나무란 소린 처음 들었을 게다.

그래도 우리는 새밥나무라 불렀다.

어렸을 적부터 그렇게 불렀다.

한 번 들었던 회장 소리

감옥에 다녀와도

끝까지 듣고 부르듯이.

#107

벼

땅심을 받고 뿌리를 내릴 때 하늘이 끌어당겼다. 하얀 벼꽃이 피고 흰 쌀밥이 배부르게 터질 때 비로소 하늘의 힘을 받았다. 껍질 속에 차곡차곡 알곡이 채워졌다. 빚보증, 아랫논에 차압이 들어왔을 때 울 할머니 맨바닥에 퍼질러 앉아서 하늘을 보고 대성통곡을 했다. 어머니는 숨을 죽인 채 철그럭철그럭 가마니를 짜다 말고 기계 앞에 주저앉았다. 퉤퉤, 손바닥에 침을 뱉으며 새끼를 꼬던 아버지는 말없이 손을 비비고 엉덩이 한쪽을 들어 깔고 앉은 새끼줄을 뒤로 빼냈다. 어느 세월까지 이어질지 모르는 새끼줄 끝을 물고 뱀은 똬리를 틀었다. 천정에서는 붉은 거미가 거미줄을 뽑아냈다. 고개 숙인 저 나락 모가지가 꺾일 때 울 아부지 짚더미 끌고 골방에 들어앉아 퉤퉤, 더러운 세상, 손바닥 손금이 지워지도록 새끼줄을 꼬았다.

#108

병든 고추

끝물이다.

약 한번 먹지 않고 젊음을 과시했다.

밥심으로 일한겨,

고봉밥을 먹던 장인어른

산밭 자락이 허허하다.

산 그림자 드리운 저 자리

자르고 잘라야겠다.

시기를 놓친 푸른 여름도

한 자락 싹둑 잘라내야겠다.

#109

분꽃이 피는 저녁

해거름 으슥한 어둠이 내리면 풀 먹이던 소를 몰았다. 논에서 피를 뽑고 돌아오신 어머니는 우물가에서 하얀 쌀뜨물을 걸러 내고 정지문 앞 시렁 소쿠리에 담겨진 찐 보리쌀 위에 한 주먹 쌀을 얹었다. 아궁이 속에 밀어 넣은 홧덩어리 가마솥뚜껑 사이로 부글부글 한숨이 넘쳤다. 노름판을 기웃거린 아부지를 찾아간 막내가 혼자 돌아오는 신발 끄는 소리가 들렸다.

스그륵, 솥뚜껑 미는 소리에 가난보다 더한 어머니 설움은 묻혔고 앞마당에 밥 냄새가 퍼졌다. 쌀밥 한 그릇을 담아 뽀갱이를 덮고 이불 속에 넣었다. 이문구의 「분꽃이 피는 저녁」 꼬부랑 할매는 오간 데 없고 이불 속에 넣어둔 밥이 식도록 아부지는 돌아오지 않았다.

#110

사마귀 소풍 가던 날

사마귀 두 마리 다정하게
소풍을 간다.
앞서거니 뒤서거니
가던 길 멈추고
잠시 두리번거리기도 하고
앞발을 휘저어
장애물을 걷어내면
뒤따라온 사마귀는
고개를 끄덕이며 고맙다 한다.

노치원을 나서는 영감 할멈
한 손엔 지팡이
또 다른 손엔 손을 포개고
황천길 말도 마라,
손을 저으며
뒷모습도 아름답게 소풍을 간다.

장구밥나무

산수유

양푼밥

왕고들빼기꽃

은행나무 은행

질경이

친구 찾아 가는 길

칸나

표범나비와 개미취

뚱딴지꽃

배추 속 함부로 열어보지 마라

#111

산수유

산수유 노랗게 피던
이른 봄날
송이송이
산천을 흔들어 깨우는 손길이 있다.

산수유 열매 빨갛게 맺은
늦은 가을
알알이
하늘도 감동한 붉은 그리움이 있다.

#112

양푼밥

옛날에 먹었던 양푼밥을 먹는다.

그때는 수저가 다섯 개

밥 위에 참기름을 넣자 저절로 스며드는 생각들

밥알은 제각각 술래들이다.

콩나물 속에 숨기도 하고 고구마순 뒤에 감추기도 한다.

어떤 밥알은 빨간 고춧가루에 제 몸을 비볐다.

양푼 속 밥알에 쏟아지던 눈길

반짝반짝 빛이 나던 똘망똘망 눈망울이 열 개

비벼도 비벼도 비벼지지 않던 보리밥

막내는 투정을 부렸다.

마당귀에서는 모깃불이 타오르고

멍석 위에 여름밤 별들이 무더기로 쏟아지면

침침한 어둠을 끌고 돌아오던 어머니

양푼밥을 먹다 말고 막내는 엄마, 하고 불렀다.

머리에 둘러썼던 수건으로 툭툭 몸을 털었다.
슬퍼할 틈도 없던 모진 나날들
어머니 몸에서 쏟아지던 푸른 별똥별은
그 옛날 어머니 유일한 희망이었다.

양푼밥을 비빈다.
옛날에 먹었던 식으로 달그락 달그락 비빈다.

#113

왕고들빼기꽃

꽃 아닌 것이 없다.
가을 들녘
둘러보면 씨 아닌 것이 없다.
나도 꽃이다.
찬찬히 들여다보면
꽃 속에 꽃이 있다.
꽃 속에 꽃 같은 꽃이 있다.
저물녘
등 돌리며 저 혼자 피었다 지고
새벽이 오면 졌다가 다시 피어난
밭두렁 풀숲 왕고들빼기
주체하지 못한 제 몸을 눕히고
나도 꽃이다, 이슬 먹고 피었다.
바람도 돌아서 부는
고향 들녘에도.

#114

은행나무 은행

아가, 똥 냄새난다 만지지 마라.
은행나무 가지가 휘도록 가을이 매달렸다.
잘 익은 은행알맹이 속에 감춰진 비밀
말 못할 사연 없는 사람이 어디 있으랴.
하늘은 맑아도 어두운 마음 없는 사람이 또 어디 있으랴.
은행나무 가지마다 송알송알 맺힌 은행알처럼
내가 너를 그리워하듯 너도 언젠가 나를 찾을 날 있을까.
사람 사는 세상이 내 맘 같지 않아서
때로는 상처받고 속상하지 않은 날 있을까.
늘 내 어깨 한쪽을 내밀고 살아왔던 세월
때로는 그대의 어깨가 필요할 때도 있다는 걸
살면서 뒤늦게 알았다.
쑥부쟁이 흐드러진 통일로를 달리다 말고
은행나무 그늘 아래 쉬면서
냄새난다, 더럽다 하지 마라, 소리를 듣는다.

#115

질경이

여태 있었니?

꽃대까지 뽑아 올렸다.

질긴 목숨,

밟아도 밟혀도 다시 일어나더니

새순 돋고 청명한 가을에

꼭 봄 같다.

#116

친구 찾아 가는 길

꿈길 같은
머언 옛날 너를 만나러 간다.
머언 옛날 추억을 더듬어 가는 길
너 먼저 가서 기다리는
용미리 숲속
뒤늦게 돌아서 찾아가는 길

누군가 먼저 와
두고 간 꽃 한 송이
아직도 시들지 않은 향기
나는 참고 참았던
울음도 삼키고
경부야, 가만히 불러보는
칠 년 전 이름

목젖 적시는 소주 한 잔

비우다 말고

그저 네 곁에 잠깐 머물다.

눈물도 마른 소리만 두고 간다.

#117

칸나

고향집 우물가에 곱게 핀 칸나
회양목 우거진 돌담장을 끼고 앉아
해거름 으슥한 밤이 오면
몸단장을 했다.
분 냄새보다 더 강한 분홍빛 칸나 닮은 그녀는
달빛 쏟아지는 밤이면 잔등에 올라
행여 올까, 누군가 기다리며 밤이슬을 맞았다.
기다림도 길어지면 미움이 된다는 것을
미움도 쌓이면 절망이 된다는 것을
아, 나는 미처 몰랐다.
잊고 살던 세월은 저절로 흐르고
원흥동 굴다리를 빠져 나오면서 만난 칸나
고란 잔등에서 기다렸을 그녀를 닮았다.
내 고향 동구 밖의 장승처럼
시절의 설움도 잊은 채 그리움으로 피었다.

#118

표범나비와 개미취

구절초 같다.

쑥부쟁이 흐드러진 꽃밭 같다.

가을은 언제나 혼자만의 것은 아니다.

가을은 언제나 저 혼자 오는 법이 없다.

가을은 늘 누군가 손을 잡고 온다.

표범나비가 개미취꽃에 취하던 날

천마산 오르던 산길이 환했다.

남포등 불빛을 밝히지 않아도 환한 산길이었다.

꽃길이었다.

#119

뚱딴지꽃

팔팔 호프집
못생긴 얼굴에 마음씨 착한 주모
식모살이 이십 년
주방도 맡고 써빙도 한다.
평생소원이 내 가게 해보는 것
남들이 말하는 김사장 이사장
사장 소리 들어보는 것
자식들 어깨 한 번 활짝
펴주고 싶은 것

돼지감자가 못생긴 씨알을 땅에 묻고
나도 꽃이다 꽃을 피우듯이
꽃 한 번 피어보는 것
미치게 파란 하늘을

제 것처럼 끌어안고 피었듯이

재래시장 모퉁이에 허름한 대포집이라도 열어

이 가을이 내 것인 양 큰 웃음소리로

꿈 한번 크게 꾸어보는 것이다.

#120

배추 속 함부로 열어보지 마라

찬 서리가 내리고 까치가 울 때
배추 속 함부로 열어보지 마라.
어머니가 골다공증에 시린 무릎을 접는 날
배추벌레가 바람구멍 숭숭 하늘을 펼치기도 하고
달팽이가 귀틀집을 짓더라도
배추 속 함부로 열어보지 마라.
작물도 시기와 때가 있는 법
옹골지게 노란 속이 꽉 차오르는 모습을
숨죽이며 가만히 지켜볼 일
함부로 자존심을 건드리지 마라.

푸성귀 발전소

초판 1쇄 발행 2012년 11월 22일
지은이 박정구
펴낸이 김석봉
디자인 박열수

펴낸곳 문학의전당
출판등록 제311-2012-000043호
주소 서울시 은평구 연서로11길 7-5 401호
편집실 서울시 마포구 공덕2동 404 풍림VIP빌딩 413호
전화 02-852-1977
팩스 02-852-1978
블로그 http://blog.naver.com/mhjd2003
전자우편 sbpoem@hanmail.net

ISBN 978-89-98096-07-6 03810